desaf!os

Cidades brasileiras

do passado ao presente

Rosicler Martins Rodrigues

Bióloga e pós-graduada em Zoologia pela
Universidade de São Paulo.
Autora de livros de divulgação científica
pela Editora Moderna.

CB019429

3ª edição
São Paulo, 2013

MODERNA

© **ROSICLER MARTINS RODRIGUES, 2013**
1ª edição, 1991
2ª edição, 2003

COORDENAÇÃO EDITORIAL: Lisabeth Bansi
ASSISTÊNCIA EDITORIAL: Paula Coelho, Patrícia Capano Sanchez
PREPARAÇÃO DE TEXTO: Cintia Shukusawa Kanashiro
COORDENAÇÃO DE EDIÇÃO DE ARTE: Camila Fiorenza
DIAGRAMAÇÃO: Silvia Massaro, Cristina Uetake
CAPA: Caio Cardoso
IMAGENS DE CAPA: ©Rafael Martin-Gaitero/Shutterstock; ©Gary Yim/Shutterstock
COORDENAÇÃO DE REVISÃO: Elaine C. Del Nero
REVISÃO: Maristela C. Carrasco
PESQUISA ICONOGRÁFICA: Mariana Veloso Lima, Marcia Sato
COORDENAÇÃO DE BUREAU: Américo Jesus
TRATAMENTO DE IMAGENS: Arleth Rodrigues, Fábio N. Precendo, Marina Mantovani
PRÉ-IMPRESSÃO: Alexandre Petreca, Everton L. de Oliveira Silva, Hélio P. de Souza Filho, Marcio Hideyuki Kamoto, Vitória Sousa
COORDENAÇÃO DE PRODUÇÃO INDUSTRIAL: Arlete Bacic de Araújo Silva
IMPRESSÃO E ACABAMENTO: Coan Indústria Gráfica Ltda.
LOTE: 278506

Dados Internacionais de Catalogação na Publicação (CIP)

(Câmara Brasileira do Livro, SP, Brasil)

Rodrigues, Rosicler Martins, 1938-
Cidades brasileiras: do passado ao presente / Rosicler Martins Rodrigues. – 3. ed. – São Paulo : Moderna, 2013. –
(Coleção desafios)

ISBN 978-85-16-08484-4

1. Cidades - Brasil - História 2. Educação ambiental
3. Urbanização - Brasil - História
I. Título. II. Série.

13-02148   CDD - 372.830981

Índices para catálogo sistemático:
1. Brasil : Cidades : Ensino fundamental   372.830981

EDITORA MODERNA LTDA.
Rua Padre Adelino, 758 – Belenzinho
São Paulo – SP – Brasil – CEP 03303-904
Vendas e atendimento: Tel. (11) 2790-1300
Fax: (11) 2790-1501
www.modernaliteratura.com.br
2019

Impresso no Brasil

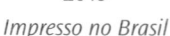

Ao meu avô paterno, Caetano Ferraz Martins, boiadeiro de Sorocaba.
Ao meu avô materno, Angelo Caldini, tecelão imigrante de Trento.

Sumário

Apresentação

O POVOAMENTO DO BRASIL COMEÇOU logo após a chegada dos portugueses, em 1500, com os acampamentos que eles ergueram no litoral, nas áreas onde encontraram pau-brasil.

Trinta anos depois, vários povoados ocuparam o litoral, ao redor das plantações de cana-de-açúcar. Outros surgiram distantes da costa, em áreas de mineração, de criação de gado, burros e cavalos, em torno do pouso dos viajantes e junto às margens de rios.

Com o passar do tempo, graças ao trabalho de indígenas, negros e portugueses, esses povoados se transformaram em vilas. Muitas delas ficaram paradas no tempo. Outras se tornaram cidades médias, depois grandes e finalmente metrópoles.

Durante cinco séculos havia mais gente no campo do que nas cidades. Foi somente com o surgimento das indústrias, a chegada de imigrantes e o deslocamento de pessoas do campo que a população urbana ultrapassou a população rural e algumas cidades cresceram desordenadamente, dando origem a problemas que afetam a qualidade de vida dos cidadãos.

O futuro das cidades brasileiras vai depender principalmente de cidadãos que escolham seus governantes por meio do voto e façam parte das associações de bairro.

E para participar é preciso se informar, conhecer a história das cidades, compreender suas transformações. E, mais do que tudo, ter espírito comunitário.

1. A terra do pau-brasil

NO SÉCULO XV, QUANDO OS EUROPEUS cruzaram o Atlântico em busca de novas terras, muitas cidades da Europa, do Oriente Médio, da China e da América Latina já existiam havia muitos séculos. Mas, na terra que hoje é o Brasil, havia milhares de povos que construíam abrigos que o tempo destruía, viviam da caça, da pesca, da coleta de frutos, ovos, mel e das pequenas plantações de mandioca. Não acumulavam riquezas e viviam nus.

Portugueses, franceses, espanhóis içaram as velas de seus navios movidos pelo vento e pelo sonho de encontrar ouro e prata, além de pimenta, cravo, noz--moscada, folhas de cheiro para tempero e essências para remédios e perfumes. Esses aventureiros chegaram às Américas em embarcações financiadas por reis, nobres e negociantes.

Os espanhóis chegaram ao Peru e ao México. Eles encontraram cidades de pedra rodeadas de plantações, habitadas por povos que teciam panos coloridos e extraíam ouro e prata do solo para fazer adornos e utensílios.

Os portugueses chegaram ao Brasil. Aqui encontraram aldeias com moradias de madeira, fibras e palha, rodeadas pela floresta, habitadas por povos que plantavam uns poucos vegetais, tinham utensílios de barro e adornos de sementes e de fibras.

Pero Vaz de Caminha, escrivão da esquadra de Pedro Álvares Cabral, em sua carta ao rei de Portugal, demonstra seu sentimento de admiração pela terra descoberta:

"Nesta terra ainda não podemos saber que haja ouro, nem prata, nem coisa alguma de metal ou ferro, pois nem lhe vimos. Porém a terra é de muito bons ares. Águas são muitas, infindas. E ela parece ser muito grande, porque a estender os olhos não podemos ver senão terra e arvoredos!".

Desembarque de Cabral em Porto Seguro, de Oscar Pereira da Silva,1922, óleo sobre tela.

Floresta virgem perto de Mangueritiba, na província de Minas Gerais, de Rugendas, óleo sobre tela (*Viagem pitoresca através do Brasil*).

Ao chegar às novas terras, os portugueses ficaram encantados com a natureza as praias de areia branca, samambaias e palmeiras nas encostas e árvores altas, em meio ao emaranhado de cipós e orquídeas. O canto dos pássaros se misturava ao barulho das cachoeiras. Borboletas coloriam o verde da mata. Viram animais desconhecidos para eles, como o tatu, o tamanduá-mirim, a preguiça e o papagaio. As picadas dos insetos e a umidade causaram mal-estar a todos.

Estavam na Mata Atlântica, que naquele tempo cobria o litoral de norte a sul e avançava quilômetros para o interior.

O ENCONTRO

Nas matas das novas terras viviam muitos povos indígenas, que eram donos do território havia milênios. Os primeiros encontros entre indígenas e portugueses foi repleto de curiosidade de ambas as partes.

Os indígenas remaram até as caravelas atracadas na baía de mar manso. Quando as canoas se aproximaram, os portugueses ficaram admirados ao ver aqueles homens fortes, de pele cor de bronze, pintados de preto e vermelho, com braçadeiras de fibras. E para os indígenas, os portugueses pareciam criaturas de outro mundo, cobertos de panos coloridos, chapéus com plumas e correntes de ouro. Este foi o encontro de dois modos de vida bem diferentes.

Os portugueses eram de uma cultura que tinha escrita, usavam armas de metal com pólvora, construíam caravelas, moravam em cidades, onde cada um tinha seu trabalho e ocupava um cargo: artesão, comerciante, militar, médico, advogado, religioso, agricultor. As mercadorias eram compradas e vendidas com moedas. Uns eram patrões e outros empregados. Havia nobres e plebeus, ricos e pobres.

Os indígenas não tinham escrita, suas armas eram o arco e a flecha, os barcos eram as canoas. Na aldeia, todos faziam de tudo um pouco e trocavam com outros povos o que era produzido. Ninguém comprava ou vendia; eles nem sequer sabiam o que era dinheiro. O trabalho era dividido entre homens e mulheres. Elas plantavam, trançavam esteiras e redes, faziam farinha de mandioca. Eles construíam ocas, canoas e armas, caçavam e pescavam. A colheita, a caça, a pesca, os ovos e o mel alimentavam a todos com fartura. Como o clima era agradável, sem invernos rigorosos, não estocavam alimentos e trabalhavam o suficiente para seu sustento. Não havia ricos nem pobres. Todos tinham tempo para trabalhar, nadar, cantar e promover festas que duravam dias. Para os portugueses pareceu que os indígenas eram preguiçosos.

Os portugueses ficaram desapontados por não encontrarem ouro nem prata. Exploraram a mata, saborearam os frutos, tomaram banhos de mar e de cachoeira, admiraram a beleza das mulheres e a força dos homens.

Pero Vaz de Caminha conta em sua carta ao rei de Portugal:

"Aqui não há boi, nem vaca, nem qualquer outro animal acostumado ao viver dos homens. Não comem senão raízes e sementes e frutos que a terra e as árvores de si lançam. E com isto andam tais e tão rijos que o não somos nós tanto, com quanto trigo e legume comemos".

Nesse tempo, os indígenas viajavam pelas matas de norte a sul, de leste a oeste, andando por caminhos que os portugueses não demorariam a aprender.

Pont de Lianne, de Rugendas (*Viagem pitoresca através do Brasil*).

Indígenas e portugueses se entenderam bem no início da colonização. Não havia animosiade de ambas as partes. Tanto foi assim, que vários portugueses tiveram filhos mestiços com as indígenas e se tornaram respeitados nas aldeias.

OS BRASILEIROS

Os portugueses que aqui aportaram encontraram árvores de tronco espinhoso e cerne vermelho, parecidas com o pau-brasil da Ásia. O tronco dessa árvore asiática era muito usado na Europa para extrair tinta para tingir os tecidos das roupas dos nobres e do clero, os únicos membros da sociedade que podiam usar a cor vermelha.

Portanto, os portugueses ficaram satisfeitos, pois, se aqui não encontraram prata e ouro, ao menos acharam uma riqueza, a árvore vermelha da Ásia. A ela então deram o mesmo nome: pau-brasil, de vermelho como brasa.

Nessa árvore estava a riqueza que tanto procuravam, pois o pau-brasil asiático tinha bom preço no mercado europeu.

Tronco de cerne vermelho do pau-brasil.

Pau-brasil (*Caesalpina echinata*).

© Fábio Colombini

Nos anos seguintes, navios e mais navios aportaram no litoral do território brasileiro para derrubar essa e outras árvores de boa madeira. Para armazenar as toras, os portugueses construíram galpões rodeados de cercas altas que serviam de proteção contra o ataque de indígenas inimigos, piratas e onças.

Quando os navios chegavam, os indígenas carregavam as toras para os porões dos navios. Também colhiam frutos, pescavam e caçavam para alimentar os exploradores de madeira.

De 1500 a 1530 os portugueses nada fizeram na nova terra além de explorar a madeira da Mata Atlântica. Quando acabavam as árvores em uma região, abandonavam o acampamento e construíam outro mais adiante.

Os mercadores que transportavam pau-brasil para Portugal começaram a ser chamados de brasileiros, e a terra de onde traziam madeira foi chamada de terra do pau-brasil.

Com o passar do tempo, também os moradores da nova terra passaram a ser chamados de brasileiros e o nome oficial — Terra de Santa Cruz — foi substituído por Brasil. Portanto, graças a uma espécie de árvore, que hoje poucos conhecem e que quase foi extinta, deu-se o nome de Brasil ao novo território.

Derrubada do *pau-brasil*, primórdios do período colonial (século XVI), de André Thevet.

2. Os primeiros povoados

O BRASIL FICOU ENTREGUE AO SEU DESTINO sem que o rei de Portugal se preocupasse com estas terras de bugios, saguis, onças, papagaios e araras. Os indígenas acolhiam de bom grado exploradores portugueses, franceses, holandeses, espanhóis, cujos navios retornavam a seus países abarrotados de pau-brasil, jacarandá, pimentas, araras, papagaios e até mesmo de indígenas.

Nesses anos de exploração da floresta, os portugueses que aqui ficaram adotaram os costumes indígenas. Tiveram filhos mestiços que falavam o português e a língua indígena, comiam com garfo e também com a mão, manejavam o arco e flecha tão bem quanto as armas de fogo, conheciam a mata como seus avós indígenas. Eles foram importantes na formação dos povoados do Brasil, aproximando os que aqui estavam dos que aqui chegavam.

Na Europa, no entanto, notícias do Brasil, principalmente as vindas dos padres jesuítas, fizeram com que os europeus imaginassem os indígenas como sendo ferozes canibais.

Temendo a invasão de franceses e holandeses, o rei de Portugal resolveu doar terras do Brasil aos nobres portugueses que quisessem aqui plantar cana-de-açúcar, originária da Índia. Essa planta cresce bem em climas quentes, e o açúcar valia ouro na Europa. Poucos nobres aceitaram o desafio, pois era difícil abandonar o conforto da terra natal para viver em florestas povoadas por indígenas que,

Gravura de Theodore de Bry, de 1592, mostrando indígenas com hábitos canibais criados pela imaginação do pintor. Seres humanos de fato nunca foram parte da alimentação indígena.

aos olhos dos portugueses, eram canibais selvagens. Só aceitaram a oferta os que estavam tão endividados que a vida em Portugal se tornara insustentável.

Cada nobre que se mudou para cá trouxe a família, lavradores, ferreiros, marceneiros, pedreiros, padeiros, barbeiros, vendeiros. Um padre acompanhava cada comitiva.

Foi intenso e corajoso o trabalho desses imigrantes portugueses. Com a ajuda dos indígenas, derrubaram áreas da mata para construir casas, estábulos, galinheiros, chiqueiros. Fizeram hortas dos legumes e verduras que estavam acostumados a comer. E assim começaram a surgir os primeiros povoados.

A cada povoado que surgia, a Mata Atlântica era derrubada e a madeira usada para fazer camas, mesas, arados. As casas tinham paredes de troncos e galhos amarrados com cipó, formando um trançado sobre o qual jogavam barro socado e a cobertura era de sapé. Uma pequena igreja completava a paisagem.

© Museu Paulista da USP, São Paulo

Fundação de São Vicente, de Benedito Calixto, 1900, óleo sobre tela. Retrata o primeiro povoado do Brasil, formado em 1530, no litoral do estado de São Paulo.

© Coleção particular

Caçada à onça, de Rugendas. Litografia feita a partir de desenho (*Viagem pitoresca através do Brasil*).

Nesses povoados, crianças indígenas, portuguesas e mestiças se banhavam no rio, brincavam e pescavam. Na casa da mãe portuguesa comiam bolinhos feitos com a farinha de trigo que vinha de Portugal. Na casa da mãe indígena comiam beijus feitos com a farinha de mandioca produzida no quintal.

Se no litoral os indígenas se acostumaram com a presença dos portugueses, nas áreas do interior centenas de aldeias permaneciam com seu modo de vida milenar, baseado em poucas plantações e em muitas caçadas.

No litoral, as plantações de cana cresciam para o alto e para os lados, ocupando extensas áreas.

A cana foi colhida, e com ela fizeram açúcar nos engenhos construídos junto às plantações. Quanto mais plantavam cana, mais produziam e vendiam açúcar. Mas faltava gente para trabalhar. Os indígenas não eram agricultores, não estavam acostumados a trabalhar do amanhecer ao anoitecer, como exigiam os portugueses. Foi então que começaram as lutas e conflitos em que morreram mais indígenas baleados do que portugueses flechados.

Muitos indígenas se acostumaram com a nova vida. Aprenderam a falar português, vestir roupas, comer com garfo e faca, assistir às missas, manejar armas de fogo. Com eles, os portugueses aprenderam as línguas indígenas, a dormir em redes, a comer beijus de mandioca, a pescar e a caçar.

Sete povoados se formaram pelo litoral brasileiro: São Vicente e Santos, Porto Seguro, Santa Cruz, Ilhéus, Vila do Pereira, Olinda e Igaraçu.

Guerrilha, de Rugendas (*Viagem pitoresca através do Brasil*).

Neles a vida era difícil para os portugueses. Eles temiam os ataques de indígenas e os rugidos das onças, suavam no calor tropical e sofriam com as picadas dos insetos.

Era uma vez um menino da floresta

Poti vivia em uma aldeia perto do litoral. Como qualquer garoto, gostava de brincar com os amigos, deitar-se à beira do rio e olhar as nuvens, sentir o vento que balançava as ramagens das palmeiras, ouvir os papagaios que voavam em bando lá no alto. Seu pai era um dos melhores caçadores da aldeia, e ele sempre sonhava que um dia seria como o pai e sairia com outros homens para caçar e pescar.

A vida na aldeia era tranquila. Os homens iam caçar ou ficavam fazendo flechas e fumando. As mulheres iam para as plantações, cozinhavam e cuidavam dos filhos.

© Coleção particular

Índios em sua cabana, de Rugendas, 1911 (*Viagem pitoresca através do Brasil*).

Às vezes, ele acompanhava a mãe, mas ainda não tinha idade para acompanhar o pai nas caçadas. De vez em quando viajava para o litoral em uma aventura emocionante: trocar com os portugueses um animal abatido por contas coloridas. Foram tantas vezes que fez amigos de fala estranha, que gostava de brincar com eles. Seu pai contou que eles eram portugueses e tinham vindo de uma terra distante.

Um dia Poti ouviu os adultos falando para os velhos da aldeia que a caça estava fugindo por causa dos portugueses. Eles derrubavam árvores e faziam muito barulho.

Então, certo dia, eles pintaram o corpo com cores e desenhos de guerra. Aprontaram arcos e flechas e saíram em direção ao povoado. Voltaram dias depois, carregando os feridos.

O índio mais velho, a quem todos respeitavam, chamou os homens e disse que estava na hora de partir para longe do litoral.

Todos juntaram o que podiam carregar e entraram por uma trilha na mata, deixando para trás as casas e as plantações. Olhando para trás, o menino se despediu do lugar onde havia nascido. Levava no ombro um papagaio. Sabia que um dia os portugueses alcançariam seu povo novamente. Mas, então, já saberia atirar flechas.

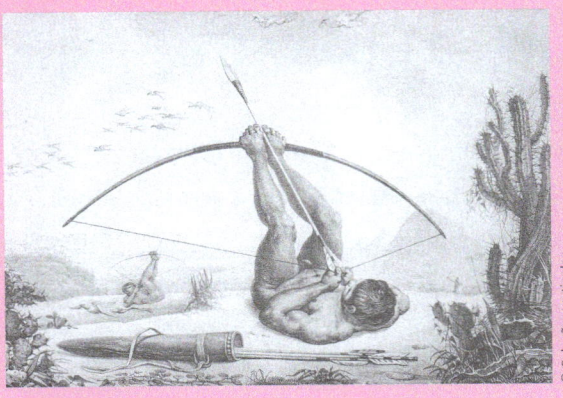

Caboclos ou índios civilizados, litografia baseada em desenho de Debret.

© Coleção particular

3. O povoamento do interior

DOIS POVOADOS DO INTERIOR DO BRASIL se formaram no planalto que se estendia além da muralha da Serra do Mar. Ganharam os nomes de São Paulo de Piratininga e Santo André da Borda do Campo.

Para chegar a esses povoados, os viajantes saíam de São Vicente, no litoral, percorrendo uma trilha na mata que só os indígenas e mestiços conheciam bem. Ela começava plana, mas, na subida da serra, ficava íngreme e à beira de precipícios.

Os viajantes seguiam a pé ou a cavalo, com a bagagem amarrada no lombo de burros. À medida que subiam, aberturas na mata deixavam ver o mar azul, lá embaixo. Depois de dias de caminhada, chegavam ao planalto e andavam outro tanto até Santo André da Borda do Campo, povoado de uns poucos portugueses que ali viviam com as indígenas e os filhos mestiços. Depois de uma noite de sono, os viajantes retomavam o caminho e andavam um bom tempo até avistar ao longe a torre de uma pequena igreja. Era o povoado de São Paulo de Piratininga, cercado de mata, umas poucas casas alinhadas nas ruas de terra, entre rios de águas límpidas. O clima fresco era ao gosto dos portugueses.

Era bom estar distante de São Vicente, que tinha clima quente e úmido, muitos mosquitos e onde era fácil contrair malária, doença que ocasionava febre alta e a qual todos temiam e creditavam aos maus ares da região.

Fundação de São Paulo, de Oscar Pereira da Silva, 1909, óleo sobre tela.

© Museu Paulista da USP, São Paulo

No povoado de São Paulo de Piratininga quase só viviam padres jesuítas, mulheres, crianças e velhos. Os jovens, na maioria mestiços, e os homens adultos estavam sempre em expedições chamadas bandeiras. Viajavam em canoas pelos rios durante dias. Depois, ancoravam os barcos, abriam picadas na mata e monta-

Vila Rica, o centro das Minas Gerais, em desenho de Rugendas (*Viagem pitoresca através do Brasil*).

© Coleção particular

vam um acampamento para armazenar provisões. Então caminhavam por vários dias e montavam outro acampamento.

Assim, iam penetrando cada vez mais na mata. Invadiam aldeias, matavam os indígenas que resistiam e aprisionavam outros, que eram levados como escravos. Praticamente acabaram com as nações indígenas cujos territórios invadiram. Alguns bandeirantes viajaram para tão longe que alcançaram as montanhas com minas de ouro de Vila Rica, em terras que chamaram de Minas Gerais.

OS BANDEIRANTES

Poucas bandeiras deixaram relato de suas viagens. A maioria ficou no anonimato, afundada pelos sertões. De algumas delas restaram poucas palavras anunciando aos parentes o fim de um bandeirante: morto no sertão.

De uma, porém, há um registro. Trata-se da expedição de 35 homens que partiram de São Paulo para o sertão à procura de ouro. Depois de dias de caminhada encontraram rastros de indígenas. Uns recuaram de medo. Outros continuaram avançando.

Ao fim de dois meses saíram da mata em campo aberto. Dois haviam morrido de picada de cobra. Agora eram apenas onze, exaustos, sem mantimentos,

Bandeirantes de Mogi das Cruzes em combate, aquarela de Debret.

Soldados índios de Curitiba levando selvagens cativas, litografia de C.Motte baseada em desenho de Debret.

com pouca pólvora, sem bala para caçar, sem rumo. Mas continuaram andando, sempre à margem do rio, para terem peixe e água.

Aos cinco meses de viagem, eram apenas cinco.

Aos setes meses de viagem só dois estavam vivos. Foram encontrados deitados à sombra de uma árvore, mais mortos do que vivos. Não tinham nem indígenas aprisionados nem ouro ou pedras preciosas.

Algumas bandeiras foram bem-sucedidas. Renderam indígenas escravizados para serem vendidos nos mercados à beira-mar ou usados nas plantações ou ainda nas minas de ouro. Também ocuparam minas de ouro ou de ferro.

Raposo Tavares foi um dos bandeirantes que mais viajou. Em uma de suas viagens, que durou mais de três meses, sua bandeira percorreu grande parte da América do Sul.

Fernão Dias, no sonho de encontrar esmeraldas, trilhou sem saber as terras riquíssimas em ouro do Rio das Velhas, mas nada encontrou.

Os bandeirantes mataram milhares de indígenas percorrendo não só o Brasil, mas também a Argentina, a Bolívia, o Paraguai e o Peru. Eram bem valentes e enfrentaram a mata e seus perigos. Faziam tudo por sua própria conta e risco, sem ajuda de Portugal, apenas pela aventura e ganância de enriquecer. Tinham a crueldade e a covardia de exterminar aldeias indígenas inteiras, velhos, mulheres, crianças e animais.

Foi o avanço dessas expedições que contribuiu para tornar o Brasil o país mais extenso da América Latina.

Para muitos, os bandeirantes são heróis. Para outros, são bandidos de um mundo sem lei.

O OURO E AS MINAS GERAIS

Nessas viagens de exploração pelo interior, os bandeirantes acharam ouro pelo lado das Minas Gerais e a notícia correu ligeira.

Pessoas de todas as idades se deslocaram para as áreas de mineração. O ouro parecia um ímã que atraía gente até da Europa.

Pequenos povoados cresceram, prosperaram com a riqueza do ouro e se tornaram vilas com ruas de pedras, casas de belas fachadas, armazéns, edifícios públicos, teatros e igrejas com altares folheados a ouro. Em Vila Rica, Sabará e Ma-

Rancho dos tropeiros, de Charles Landseer, 1827, óleo sobre madeira.

riana, a maioria das pessoas trabalhava na mineração e no comércio. Mas nessas vilas também viviam funcionários públicos, soldados, ferreiros, fabricantes de sela, alfaiates, dançarinas, cantores, atores de teatro e os que faziam jornais. Ninguém plantava ou criava animais. Todo alimento vinha do Sul, Sudeste e Nordeste. Um boi custava seu peso em ouro. Os comerciantes de mantimentos enriqueceram tanto quanto os que tiveram a sorte de achar ouro.

NA TRILHA DO GADO

No Nordeste o povoamento seguiu a trilha do gado. Conta a história que tudo começou com um touro e quatro vacas que foram trazidos de Portugal. Esses animais procriaram e acabaram originando rebanhos que foram levados para o sertão. Nas áreas onde os rebanhos cresciam, surgia um povoado de boiadeiros e comerciantes de carne e de couro.

No Sul do Brasil, os povoados nasceram na trilha do gado, dos burros, das mulas e dos cavalos. Na época da mineração esses animais eram levados pelos tropeiros para serem vendidos nas Minas Gerais. O gado era vendido para alimentação, e as mulas, os burros e os cavalos, para transporte de mercadorias.

O povoamento do Brasil deve muito a esses tropeiros, pois no caminho onde paravam para descansar eram construídos pousíos, um mercado para troca de mercadorias e casas de comércio. Ali começava a surgir um povoado.

O POVOAMENTO DA AMAZÔNIA

O povoamento da Região Norte do Brasil, até hoje esparsamente povoada, aconteceu lentamente em razão da vastidão da Floresta Amazônica. A trilha do povoamento seguiu os rios, por onde os aventureiros navegavam em busca de ouro, tabaco e pimentas. Para evitar a entrada de estrangeiros, os portugueses construíram fortes ao longo dos rios. Ao redor de alguns deles surgiram povoados.

Assim, por todo o Brasil os povoados foram surgindo onde havia terra boa para plantar, pastos para criar animais, minas, fortalezas e pousadas. Neles, a vida girava em torno do comércio, e quando os negócios iam bem chegavam artesãos e outros trabalhadores. O povoado que crescia era elevado à categoria de vila. Só então poderiam almejar a condição de cidade.

4. As primeiras cidades

EM 1550, NA BAÍA DE TODOS-OS-SANTOS, crescia a Vila do Pereira. Nesse mesmo lugar foi construída, a mando do rei de Portugal, a primeira cidade brasileira: Salvador. O objetivo do rei era trazer mais gente para o Brasil e habitar a imensidão de terras.

Para planejar a cidade o rei contratou engenheiros. E depois, na pequena vila, começaram a chegar navios trazendo empreiteiros para dirigir a construção de edifícios públicos, pontes, igrejas, conventos e mercados. Traziam com eles ferreiros, pintores e encanadores.

Também vieram trezentos agricultores, quatrocentos homens expulsos de Portugal por infringirem a lei, além de soldados, barbeiros, quitandeiros, dançarinas, atores, cantores, alfaiates, açougueiros e padres para celebrar missas, ensinar religião aos indígenas, fazer casamentos, batizar e alfabetizar os filhos das famílias ricas.

Alguns anos depois, as cidades de João Pessoa e Rio de Janeiro também foram construídas por ordem do rei.

Essas cidades eram sede de governo, tinham juiz, cobrador de impostos, capitão da guarda e bispo. Nelas funcionavam a alfândega, a cadeia, o porto e os armazéns de exportação.

As vilas que prosperavam e tinham boa arrecadação de impostos também ganhavam esses serviços e o título de cidade.

Vista da Bahia tomada a caminho do Monte Serrat, de Abraham Louis Buvelot, 1839, óleo sobre tela.

A fundação do Rio de Janeiro, de Firmino Monteiro, 1881, óleo sobre tela.

Vista da cidade de São Paulo, de Arnaud Julien Pallière, 1821, óleo sobre tela.

A CHEGADA DOS AFRICANOS ESCRAVIZADOS

Como os indígenas se recusavam a trabalhar do nascer ao pôr do sol, os donos de engenho de açúcar começaram a comprar negros trazidos da África e que aqui eram vendidos por quase nada.

Ao redor das cidades e vilas da costa, as plantações de cana aumentaram graças ao trabalho dos africanos escravizados. Eles preparavam a terra, plantavam e colhiam a cana e produziam o açúcar. Com o trabalho escravo dos africanos, os donos de engenho construíram casas na cidade.

A maioria das famílias tinha escravos, desde as ricas até as remediadas. Os escravos cozinhavam, cultivavam hortas, cuidavam dos animais, faziam doces para vender nas ruas, buscavam água nos chafarizes e preparavam o banho dos seus donos. Trabalhavam 12 horas por dia, a vida inteira, sem ganhar nada.

Para os portugueses foram anos de lutas contra os indígenas rebeldes, os escravos africanos que queriam ser livres, os franceses que teimavam em se apoderar de terras brasileiras, as doenças e o calor dos trópicos.

Moinho de açúcar, litografia de desenho de Rugendas (*Viagem pitoresca através do Brasil*).

Um jantar brasileiro, de Debret, 1827, aquarela sobre papel.

Cidades e vilas foram crescendo, a maioria ao longo do litoral. Outras floresceram na rica região das Minas Gerais, sendo que Vila Rica chegou mesmo a ser sede do Império por algum tempo, tamanho era seu prestígio como fonte de ouro no Brasil.

Em 1822 o Brasil se tornou independente de Portugal. Nessa época havia em nossa terra dezenove cidades, 213 vilas e centenas de povoados. Salvador e Rio de Janeiro eram as únicas que pareciam cidades. As demais, como Manaus, Belém, Recife, São Paulo e outras ainda menores, pareciam vilas.

São Paulo era a mais modesta, com ruas de terra estreitas, casas simples, igrejas pobres e cercada de chácaras e plantações. Esta sim parecia uma pequena vila e não uma cidade. Perto dela crescia Sorocaba, outra vila que iria se tornar o centro do comércio de gado e de burros, gerando lucros que seriam investidos posteriormente em São Paulo.

A vida no Rio de Janeiro e em Salvador era movimentada por funcionários públicos, comerciantes de ferragens, comércio de louças, sapatos e tecidos de algodão, boticários que faziam remédios por encomenda, além de religiosos, juízes e militares. Não havia escolas. Os filhos dos ricos estudavam em casa, com os

Vista da várzea do Carmo, Antonio Ferrigno, óleo sobre madeira.

padres, e os filhos dos pobres não aprendiam a ler nem a escrever. Havia um ou dois jornais, com poucas folhas e nenhuma novidade, pois raramente algo de novo acontecia.

O silêncio das ruas era quebrado por cães latindo, porcos grunhindo, galinhas cacarejando. De vez em quando se ouviam o tropel de cavalos e mulas, o chiado de um carro de boi, as cantilenas dos escravos.

Vista da Lagoa Rodrigo de Freitas no Rio de Janeiro, em óleo sobre tela de 1835, pintado por Gabriel Duperré.

Não havia água encanada, e o povo se servia de água nas bicas, onde muitos escravos pegavam água para seus donos. As crianças tomavam banho no rio, ao lado das mulheres que lavavam as roupas.

Na porta das vendas, cavalos e burros aguardavam seus donos retornarem.

As mulheres ricas saíam de casa acompanhadas de escravas, exibindo roupas finas e joias caras. Abriam caminho entre mendigos, militares, vendedores de doces e toda sorte de imundície jogada nas ruas.

A indústria daquela época se resumia a algumas tecelagens que faziam panos rústicos para roupas de escravos e lavradores. Era proibido fabricar tecidos finos no Brasil. Eles vinham da Inglaterra, por acordo feito entre os dois países.

Nos dias de festas religiosas e de feiras de venda de mercadorias, as cidades ficavam cheias de pessoas que viviam longe da cidade: fazendeiros, lavradores e vaqueiros.

Vendedor de flores e de fatias de coco, de Debret, 1829, aquarela sobre papel.

Empregado do governo saindo a passeio, de Debret, 1825, aquarela sobre papel.

NO TEMPO DA ESCRAVIDÃO

Nesse tempo, na África, havia um bom negócio: caçar pessoas para vender para os mercardores de escravos. Acorrentados, os prisioneiros percorriam quilômetros a pé até o porto de embarque. Com tristeza, viam os traficantes africanos receberem o pagamento pela carga: fumo, bebida e panos coloridos.

Embarcavam no porão de um navio, sem camas, alimentando-se durante dias apenas de água com farinha e fazendo as necessidades onde dormiam e comiam. Muitos morriam e eram jogados ao mar. Os que sobreviviam seguiam sem saber para onde estavam indo. Quando chegavam ao seu destino, eram levados ao mercado de escravos. Os capatazes das fazendas os examinavam do mesmo modo que se examina um cavalo: sentiam a força dos braços, a qualidade dos dentes, a textura da pele de cada um. O capataz comprava o pai de uma família, enquanto outro capataz comprava a mãe e outro levava os filhos. Assim, pais, mães, filhos eram separados, um para cada fazenda. Muitos nunca mais se encontravam.

Os africanos escravizados desmatavam, faziam queimadas, aravam a terra, plantavam, cortavam e transportavam a cana para o engenho, faziam açúcar, construíam casas, cercas, pontes, estradas. Muitas mulheres amamentavam o filho do patrão primeiro, depois o próprio filho.

Alguns escravos trabalhavam apenas dentro da casa do patrão. As mulheres cozinhavam, lavavam roupa, preparavam o banho de suas donas e as acompanhavam às compras. Os homens faziam consertos, cuidavam dos animais, cortavam lenha, tiravam água do poço e lustravam as botas de seus donos.

Os feitores, brancos e negros, fiscalizavam o trabalho dos escravos. Quando algum escravo fugia, o feitor saía atrás. Quando era capturado, o fugitivo recebia chicotadas, passava dias a pão e água e era marcado com ferro em brasa.

Embora longe de sua terra, os africanos não esqueciam sua língua nativa, suas músicas, sua comida, suas danças e crenças. Hoje, por todo o Brasil, canta-se

Derrubada da mata, de Rugendas (*Viagem pitoresca através do Brasil*).

Volta à cidade de um proprietário de chácara, de Debret, 1822, aquarela sobre papel.

e dança-se a música de seus batuques, o samba; come-se feijoada e preparam-se muitos outros alimentos que vieram da África.

A cultura e a sociedade brasileiras devem muito de suas características a esses homens e mulheres que se tornaram, eles também, brasileiros.

5. O crescimento das cidades

VÁRIOS ACONTECIMENTOS FIZERAM as cidades brasileiras crescerem.

Um deles foi a abertura dos portos, quando o Brasil conseguiu o direito de exportar açúcar, algodão, fumo, madeira e outros produtos para qualquer país, sem a interferência de Portugal.

Outro acontecimento foi a chegada de mudas de cafeeiro trazidas da África. Elas se adaptaram bem ao clima do Rio de Janeiro e de São Paulo. Em pouco tempo, graças ao trabalho dos escravos, as plantações de café cobriam áreas cada vez mais extensas.

A proibição do comércio de escravos levou os fazendeiros a investir o dinheiro ganho com o café na construção de ferrovias. De norte a sul, as linhas de trem começaram a ligar o interior aos portos. No norte, as ferrovias transportavam açúcar e cacau. No sul, transportavam algodão e café. As cidades portuárias cresceram, bem como as vilas e cidades ao longo das linhas de trem.

Outro acontecimento importante para o crescimento de muitas cidades foi a permissão para a fabricação de tecidos no Brasil. Várias tecelagens clandestinas do interior se mudaram para as cidades e passaram a atrair muita gente do campo, pois empregavam mulheres e crianças. Com o aumento do número de tecelagens em São Paulo, sua população cresceu tanto que só ficou atrás do Rio de Janeiro, onde o número de tecelagens era ainda maior.

Inauguração da estrada de Ferro de Cantagalo, no Rio de Janeiro, em ilustração de Durand, publicada no *Journal Universel*, Paris, 1860.

Colheita de café, de Rugendas (*Viagem pitoresca através do Brasil*).

A libertação dos escravos, em 1888, deu aos negros a esperança de uma vida melhor. Muitos foram para as cidades tentar a sorte, mas poucos conseguiram melhorar de vida por causa do preconceito.

Os fazendeiros receberam autorização para contratar lavradores na Itália e na Espanha. Os imigrantes foram trabalhar nas fazendas, mas muitos ficaram por pouco tempo em razão dos maus-tratos e dos baixos salários. Mudaram-se, então, para as cidades para trabalhar nas tecelagens.

Imigrantes italianos que se fixaram no Brasil em 1930.

Lembranças...

Nasci na Itália e vim pequeno para o Brasil. Meu pai era lavrador e trabalhou nas fazendas de café. Ganhava pouco, mas conseguiu juntar algum dinheiro e mudamos para São Paulo em 1900.

Fomos morar em uma casa pequena, com quintal enorme. Tinha galinheiro, forno de barro, duas cabras e um porco.

A gente brincava na rua, porque naquele tempo só uma ou outra pessoa tinha carro.

Quando escurecia, passava pelas ruas o acendedor de lampiões. Ele carregava uma vara com fogo na ponta e ia acendendo o bico de gás de cada lampião.

Mas logo chegou a luz elétrica nas ruas. Nas casas demorou um pouco para chegar, mas quando isso aconteceu foi uma festa. Meu pai comprou um rádio e à noite a gente ficava em volta dele para ouvir as novelas, as notícias, os programas humorísticos e música.

Depois chegou o cinema. Era mudo e um pianista tocava na plateia para animar o filme.

Uma das coisas de que mais me recordo do meu tempo de menino é a inauguração do bonde elétrico. As ruas ficaram cheias de gente para ver o bonde passar.

Também me recordo de que meu pai me levava para ver o futebol na várzea do Rio Tamanduateí. Ele contava que foram os ingleses que trouxeram o futebol para o Brasil.

Eu fui ficando velho e a cidade foi crescendo.

Inauguração do bonde elétrico para a Penha, 1901.

Durante esses anos chegaram tantas coisas que antes não havia: as panelas de alumínio, a geladeira, o liquidificador, o aspirador de pó, a enceradeira, o fogão elétrico ou a gás, as coisas de plástico, as roupas de náilon, o ferro elétrico. O melhor de tudo foi a televisão. Mas eu nunca perdi o costume de ouvir rádio.

Dizem que São Paulo foi a cidade que mais cresceu no mundo. Eu acredito, porque ela mudou demais nesses anos todos.

Avenida Paulista no dia de sua inauguração, de Jules Martin, 1891, aquarela sobre papel.

Avenida Paulista em 1902.

CIDADES BRASILEIRAS

A evolução da população brasileira

Ao longo da história do Brasil, podemos observar um constante crescimento da população. Tal crescimento, no entanto, não aconteceu de forma regular: em alguns momentos o processo foi acelerado, em outros, mais lento. A distribuição da população pelo território também mudou, passando de maioria rural para urbana.

1. De forma geral, houve melhora na qualidade de vida da população. O acesso à educação, à saúde, e o desenvolvimento da medicina contribuem para o aumento da longevidade da população.

2. Ao observar o gráfico é possível perceber que a população não está distribuída igualmente no território brasileiro: há grande concentração na Região Sudeste, seguida das regiões Nordeste, Sul, Norte e Centro-Oeste.

Na década de **1930**, o governo criou medidas restritivas para a entrada de imigrantes, **reduzindo o fluxo de estrangeiros** para o país.

A partir de **1900**, ocorreu um grande aumento da população. A principal causa desse fenômeno foi a chegada de **imigrantes estrangeiros**, que já era significativa no século XIX, mas teve maior importância no início do século XX.

Só no período entre **1904** e **1930**, entraram no país mais de **dois milhões de imigrantes**.

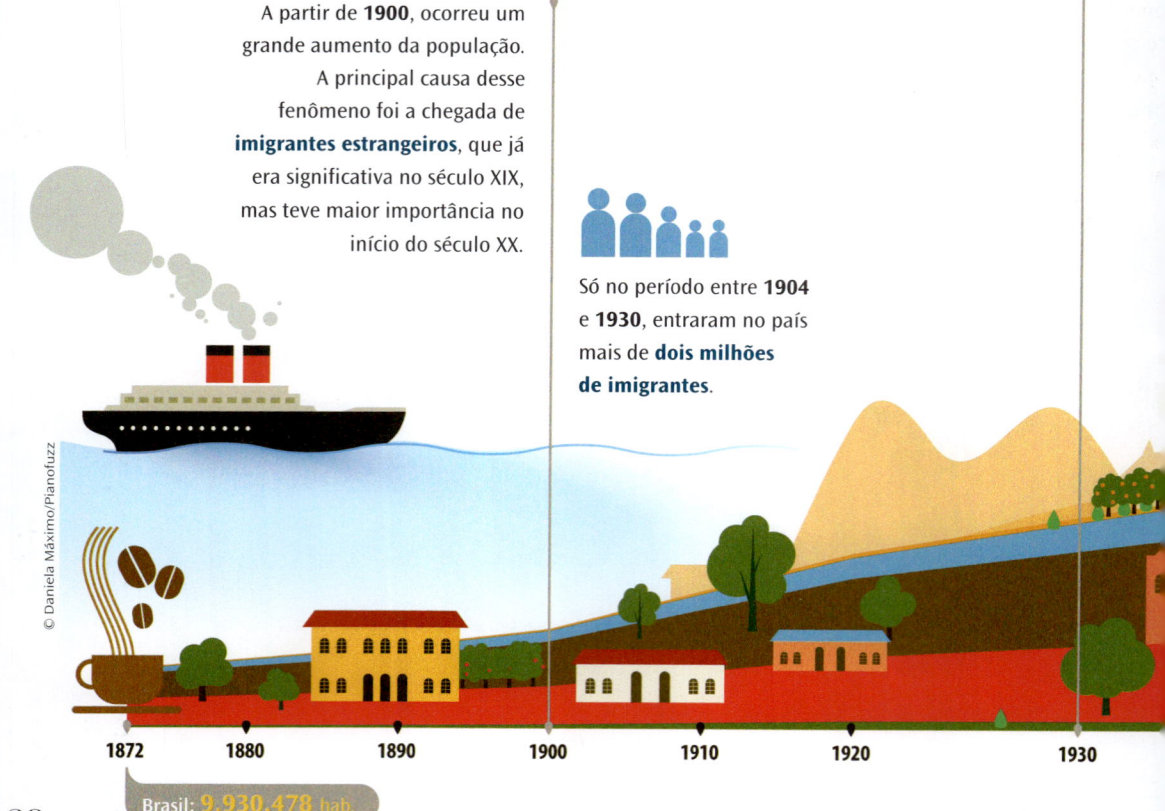

| 1872 | 1880 | 1890 | 1900 | 1910 | 1920 | 1930 |

Brasil: **9.930.478** hab.

A **taxa de crescimento populacional caiu**. Com o desenvolvimento da medicina e a melhoria nas condições de vida, está ocorrendo um envelhecimento da população brasileira.

(números de habitantes)

Brasil: 190.755.799

Com o avanço da industrialização, a **população passou a ser majoritariamente urbana** e teve seu perfil transformado: houve maior acesso à educação e à saúde, as condições de vida melhoraram e as mulheres aumentaram a participação no mercado de trabalho. Assim, o número de nascimentos caiu e, a partir da década de **1970**, a **população passou a crescer de maneira menos acelerada**.

Centro--Oeste
14.058.094

Sul
27.386.891

Sudeste
80.364.410

Nordeste
53.081.950

Norte
15.864.454

◆◆◆◆◆◆◆◆◆◆◆◆◆

RESCIMENTO POPULACIONAL

ntre os anos **1940** e **1970** a opulação aumentou de maneira celerada. Isso ocorreu graças ao aior **crescimento natural da população**, resultante de altas xas de natalidade e do declínio as taxas de mortalidade.

| 1950 | 1960 | 1970 | 1980 | 1991 | 2000 | 2010 |

Fontes: IBGE. Sinopse preliminar do Censo Demográfico 2000. Rio de Janeiro: IBGE, 2000; Sinopse do Censo Demográfico 2010. Rio de Janeiro: IBGE, 2011. Disponível em: <www.ibge.gov.br>. Acesso em: 13 jun. 2013.

6. O começo de um novo tempo

ALÉM DOS ITALIANOS, QUE VIERAM para trabalhar nas fazendas de café, também vieram franceses, alemães, sírios e libaneses. No começo do século XX quase um terço da população do Rio de Janeiro era de estrangeiros.

Nas cidades, o comércio cresceu, começaram a surgir as indústrias de biscoito, macarrão, tecidos, artigos de couro, louça, vidro. Aumentaram os serviços oferecidos a seus habitantes: escolas, hospitais, bibliotecas, teatros, cinemas, restaurantes, bares.

No começo do século XX foram construídas as primeiras usinas hidrelétricas em várias regiões do Brasil. As lâmpadas iluminaram as cidades e a energia elétrica passou a mover as máquinas das indústrias. Surgiu a classe operária, principalmente em São Paulo, que em 1900 tinha apenas 240 mil habitantes e nunca mais parou de crescer.

Outras cidades brasileiras também cresceram porque atraíram as pessoas do campo em razão dos empregos, mais diversão e um tipo de vida mais livre. Com isso o número de habitantes da zona rural foi diminuindo até ficar inferior ao número de habitantes das cidades. Em muitas cidades, o crescimento foi tão rápido que não se fez acompanhar da infraestrutura necessária à boa qualidade de vida de seus habitantes.

Operários, de Tarsila do Amaral, 1930, óleo sobre tela.

As cidades cresceram e invadiram as áreas de plantações, pastos, florestas e campos para formar novos bairros.

Os bairros começavam com umas poucas casas em ruas de terra. Depois, instalavam a rede de energia elétrica. Com a concentração de pessoas, chegava o comércio: a padaria, a farmácia, o açougue, a barbearia, o bar. Uma linha de ônibus passava a atender aos moradores.

No começo se utilizava água de poço, e a água suja das casas ia para uma fossa ou escorria pelas ruas. Depois, surgiu o serviço de canalização de água, e cada morador passava a receber água tratada. A água usada nas casas também era canalizada, formando-se a rede de esgoto. A rede de distribuição de água, a rede de esgoto e a coleta de lixo mantinham o bairro limpo e saudável.

Com o passar do tempo, as ruas foram asfaltadas e iluminadas.

Pouco a pouco a urbanização aumentava e crescia o número de escolas públicas, creche, posto de saúde, biblioteca e centro esportivo.

O movimento de veículos criou a necessidade de sinalizar as ruas, instalar semáforos, pintar faixas para a travessia de pedestres e fazer passarelas sobre as avenidas movimentadas.

© Raccolte Museali Fratelli Alinari/Other Images

Rio de Janeiro em 1910.

© Estadão Conteúdo/Agência Estado

Porto Alegre, 1928-1930.

A urbanização de uma cidade nunca tem fim. Sempre há bairros que precisam de saneamento básico, iluminação, segurança, lazer, escolas. Também é necessário construir e preservar praças, faixas de sinalização de ruas, plantar árvores, limpar bueiros. Executar essas obras custa dinheiro.

A responsabilidade da urbanização é do município, dirigido pelo prefeito e os vereadores. O dinheiro para promover a infraestrutura necessária às cidades vem dos impostos pagos pelos cidadãos.

São os cidadãos que escolhem, por meio do voto, o prefeito e os vereadores. Por isso devemos prestar muita atenção aos projetos dos candidatos, pois são eles que decidem e direcionam a qualidade de vida em uma cidade. E cabe a nós decidir conscientemente em quem votar para promover o futuro e as melhorias nas cidades.

E TUDO MUDOU

Antigamente os moradores das cidades reclamavam do chiado dos carros de boi que perturbava o silêncio. Também não gostavam do estrume dos burros, cavalos e bois, que deixava as ruas com cheiro de estábulo.

Em 1940 o rádio era o rei das casas. E todos ouviam Carmen Miranda.

© Everett Collection/Glow Images

Quando chegou o bonde elétrico, reclamaram do barulho das rodas de ferro nos trilhos e da velocidade com que ele corria. Quando chegaram os automóveis reclamaram do transtorno que causavam nas ruas estreitas e de suas buzinas estridentes.

Quando construíram os primeiros edifícios de apartamentos, reclamaram da falta de jardins e quintais com hortas e árvores frutíferas.

Imagine só o que diriam os moradores das cidades de cem anos atrás se vissem como estão hoje as maiores cidades brasileiras. Iriam estranhar que as pessoas não se cumprimentam nas ruas porque não se conhecem. Todos são anônimos quando saem de seu bairro. E até no mesmo bairro ou no mesmo edifício as pessoas não se conhecem.

Também não iriam gostar de ver os rios e sentir o cheiro que exalam, pois eram rios limpos e cheios de peixes. Enquanto os rios morriam, o ar foi poluído por fuligem e gás carbônico.

E eles ficariam perdidos no trânsito, atônitos ao ver tantos carros e o movimento de pessoas nas ruas.

Não saberiam explicar os fios de alta tensão ao redor das casas, os muros altos e ficariam assustados com as notícias de roubos e sequestros. Mas uma grande novidade iria com certeza atrair nossos antepassados: os *shoppings*. Será que eles gostariam desses centros de comércio, serviços e lazer?

7. Um lugar para morar

MORAR NA CIDADE É MAIS CARO do que morar na área rural, e morar em cidade grande é mais caro que morar em cidade pequena.

Nas cidades, a desigualdade na distribuição de rendas é visível: pessoas com renda mensal alta vivem em moradias confortáveis, em ruas arborizadas; as de renda mensal média moram em casas ou apartamentos mais modestos; as de baixa renda moram em lugares distantes do centro, em moradias precárias.

Nas cidades, há pessoas que moram em cortiços: casa com cômodos ocupados por diferentes famílias e banheiro comunitário, sujeito a fila pela manhã. Outras vivem em favela, que é um conjunto de casas construídas em terrenos desocupados.

Atualmente, muitos moram em conjuntos habitacionais construídos pelo governo com materiais baratos e pouco duráveis. O comprador financia a compra para pagar durante longos anos.

As ruas das cidades deveriam ser arborizadas, pois o frescor das sombras das árvores contribui para a diminuição da temperatura nos dias quentes do verão. A arborização é necessária porque o asfalto cobre a terra e os edifícios dificultam a circulação dos ventos.

Na maioria das cidades, poucos bairros são arborizados. A impressão é de que as pessoas não valorizam a sombra das árvores ou as flores. Não percebem que as plantas refrescam o ambiente e que suas folhas absorvem do ar o gás carbôni-

Em cidades grandes há muitos sem-tetos que vivem nas ruas ou embaixo de viadutos. Na fotografia, barraca de morador de rua do Pacaembu, em São Paulo.

As favelas também são comuns nas grandes cidades. Na fotografia, favela da Rocinha, no Rio de Janeiro.

co proveniente da queima de combustível. As plantas constituem barreiras que filtram a poeira e a fuligem, mantêm firmes os grumos do solo nas encostas e embelezam o ambiente.

A legislação ambiental do Brasil determina que cada bairro tenha pelo menos 20% de área verde. Nenhuma árvore de área pública, ou mesmo as dos jardins das casas, pode ser derrubada sem autorização da prefeitura; a autorização só é concedida se a árvore estiver doente ou for obstáculo às benfeitorias públicas.

Os moradores têm o direito de se opor à derrubada de uma árvore. E também têm o dever de proteger a vegetação, podendo ser presos se praticarem atos de vandalismo prejudiciais às plantas.

Quem passa pelas ruas apressado a caminho de seu destino deve olhar ao seu redor, apreciar as plantas, ajudá-las se for necessário.

Esse olhar deve se estender também para os cães que vagueiam pelas cidades. Quanto mais indiferentes são os moradores, mais eles sofrem as consequências.

Cidade civilizada é arborizada, não tem lixo na rua nem cães abandonados.

Praça florida em Nova Petrópolis, no Rio Grande do Sul.

A gente veio de longe

O sonho de uma vida melhor empurrou a gente para a cidade. No campo, quem não tem terra própria para plantar sofre muito. Emprego não tem. Por isso, saí da roça, trazendo em malas e sacolas o que tinha.

Quando cheguei, consegui um trabalho duro para ganhar pouco. Sempre tive jeito com máquinas e motores e comecei na fábrica controlando uma máquina simples. Logo fui para uma mais complicada. Era muito cansativo ficar o dia inteiro cuidando de uma máquina. De noite, aprendia a ler e a escrever.

Fui morar numa casinha barata, em cima de um morro. Depois de muito tempo, dei entrada num terreno por ali mesmo e fui pagando devagar.

Com a ajuda dos vizinhos construí um cômodo e um banheiro. A casa foi crescendo aos poucos, conforme sobrava dinheiro, e sempre era construída nos fins de semana. Até hoje está faltando terminar algumas coisas.

Meus filhos têm segundo grau completo, trabalham em escritório. Um é zelador de prédio.

Todos lá em casa trabalham, estudam e se levantam muito cedo, porque são duas horas de viagem para o trabalho, com o trânsito bom. E outro tanto para voltar. Mas dou graças a Deus, porque tem gente que vive pior.

© Juca Martins/Pulsar Imagens

Na periferia, muitas casas são construídas em sistema de mutirão, como este em Socorro, São Paulo.

8. Um lugar para trabalhar

© Gary Yim/Shutterstock

NAS CIDADES GRANDES, há mais oportunidades de trabalho e estudo do que nas cidades pequenas e em áreas rurais. Por isso, muitos jovens mudam para cidades maiores em busca dessas oportunidades. Nas cidades, encontram trabalho na indústria, no comércio e na prestação de serviços, atuando nas mais variadas profissões.

Vivendo para o trabalho, o cidadão urbano é regulado pelo relógio, do levantar ao deitar. A cidade nunca dorme, e seu tempo é diferente do tempo da natureza.

O trabalho exige momentos de distração e relaxamento. Caso contrário, o trabalhador pode ficar com ansiedade e depressão.

No entanto, para a maioria dos trabalhadores urbanos, não sobram tempo nem dinheiro para o lazer, pois há poucas opções gratuitas de diversão. Para fugir das cidades nos fins de semana prolongados, muitos transformam o lazer em sofrimento, com horas de espera em aeroportos, em rodoviárias e em estradas congestionadas.

OS JOVENS SÃO CULPADOS?

Em todo lugar, é difícil para a maioria da população brasileira ganhar dinheiro para além da sobrevivência de cada dia.

Nas áreas de escritórios, bancos e comércio, como a avenida Paulista, o vaivém é constante. A cidade é o trabalho materializado, porque tudo o que nela existe é feito pelas pessoas.

De outro lado, é cada vez maior a oferta de consumo incentivada pela televisão. Sem dinheiro e sem esperança de mudar de vida, muitos jovens enveredam por caminhos difíceis, praticam roubos e se envolvem com traficantes. São essas diferenças sociais que geram os conflitos urbanos.

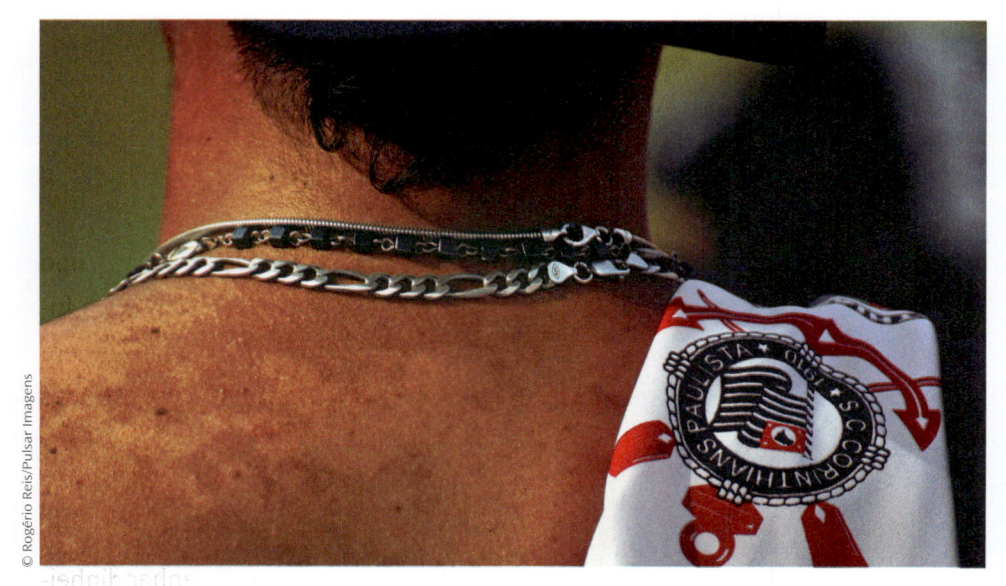

Muitas pessoas vão ao estádio de futebol torcer pelo seu time. A maioria não se envolve em brigas de torcidas.

A revolta dos jovens é evidente no futebol, o lazer mais popular do Brasil, que atrai grande número de pessoas aos estádios. Muitos deles se organizam em torcidas uniformizadas e se revoltam contra outras torcidas e contra a polícia. Dessa forma, expressam a insatisfação por não terem esperança de uma vida melhor.

As grandes cidades alimentam a crença de que nelas todos podem encontrar oportunidades de trabalhar e se divertir. Atraem pessoas do campo e de cidades menores, embora nem sempre elas consigam emprego e acabem se ocupando de trabalhos temporários, ganhando apenas o suficiente para não morrer de fome.

A cidade grande tem muito a oferecer, mas para poucos.

Divertir-se é o melhor remédio

No próximo sábado, o pessoal vai se reunir para um pagode no quintal do Nogueira. Enquanto o conjunto anima a festa no quintal, a criançada se reúne na rua para brincar.

No domingo, vai ter um campeonato de dança na escola e pode participar quem quiser. O prêmio é tentador: um televisor. Os mais velhos decerto vão preferir ficar na calçada jogando dominó.

A gente não tem dinheiro para ir ao *shopping* pegar um cinema e depois tomar um lanche. Só de vez em quando podemos fazer esse programa.

Também não temos praia para passar o dia. Então, a gente tem de se virar, porque se divertir e relaxar são o melhor remédio. Depois de uma semana de trabalho é preciso se divertir, sem gastar muito. Se tem futebol, vamos para o estádio. Até as meninas vão!

Nem sempre a diversão faz a gente esquecer os problemas: filhos que precisam de sapato, aluguel atrasado, o gás que acabou.

Mas deixa isso para lá. Amanhã vai ter um baile *funk* da hora! Não quer ir?

Pois é, a gente se vira para se divertir sem gastar muito. Seria bom se na praça fizessem uma quadra cimentada para a gente jogar vôlei e futebol de salão. Enquanto isso não acontece, a gente joga no campinho de terra que fica no terreno atrás da fábrica.

© Ismar Ingber/Pulsar imagens

Para se divertir, às vezes basta bem pouco. As pessoas da foto se divertem no futebol de várzea no Rio de Janeiro.

9. A realidade das grandes cidades

AS GRANDES CIDADES ATRAEM as pessoas das pequenas cidades e da zona rural. Mas muitos não sabem o que os espera!

Doença é o que não falta nas grandes cidades. As aglomerações urbanas facilitam a passagem de bactérias e vírus de uma pessoa para outra, pois em qualquer lugar sempre tem alguém eliminando micróbios ao tossir, espirrar e ao pegar nos objetos. Quem é mais resistente consegue manter a saúde mesmo em um ambiente tão contaminado.

O trabalho nas cidades também pode causar doenças quando as pessoas são expostas às máquinas, ao calor de fornos, ao pó de cimento, carvão ou algodão, aos odores de tintas e vernizes ou ao ruído excessivo.

Pessoas que trabalham com computadores têm tendinite por causa do uso contínuo e dos movimentos repetitivos dos dedos ao digitar.

O ruído das britadeiras pode levar à surdez. A poluição causada pelos veículos está por toda parte.

O monóxido de carbono que sai pelo escapamento dos veículos entra nos pulmões, passa para o sangue e ocupa o lugar do oxigênio nos glóbulos vermelhos. O gás carbônico e o dióxido de enxofre irritam os pulmões. As partículas do chumbo adicionadas à gasolina vão para o ar, causam inflamação nas articulações e danos no sistema nervoso. A fuligem entope os brônquios. Por isso, nas

Nas cidades grandes, o pôr do sol às vezes é um espetáculo impressionante, em razão do excesso de partículas no ar.

grandes cidades, é expressivo o número de pessoas que têm doenças no aparelho respiratório.

A população das áreas pobres da cidade nem sempre recebe água tratada. O esgoto corre em valetas abertas. Com a chuva, as fezes se espalham por toda parte. Elas podem conter microrganismos e ovos de vermes, que contaminam os poços, cuja água é usada para beber e cozinhar.

A tensão nos ônibus apinhados e no trânsito moroso, na travessia das ruas, no trabalho, onde todos enfrentam momentos difíceis, pode causar gastrite e outras doenças.

Não seria melhor viver com menos em uma pequena cidade? Muitos moradores das grandes cidades estão chegando a essa conclusão.

Outra fonte de tensão é a violência. A cada notícia de assalto na televisão e no rádio — e elas se repetem o dia todo —, a cada momento de perigo que pressentimos no trânsito, sentimos medo. Quando o estado de tensão se repete continuamente, a parte mais sensível do nosso corpo sofre as consequências. Para alguns, é o aparelho respiratório, e a pessoa acaba tendo asma ou bronquite. Para outros, é o aparelho digestivo, o que resulta em prisão de ventre. A pressão sanguínea pode subir. Ou, então, a pessoa torna-se ansiosa e tem insônia.

Em uma cidade pequena as pessoas se conhecem, há menos ruídos e o ar é mais limpo.

Para fugir da realidade, muitas pessoas bebem, e o álcool tem causado cada vez mais acidentes de trânsito.

No dia a dia, o cidadão urbano em geral nem tempo tem para comer. Faz refeições rápidas, geralmente sanduíches e frituras, o que também acaba afetando a saúde.

A vida sedentária que muitas pessoas adotam, ficando horas intermináveis sentadas no ônibus, atrás de uma mesa ou diante da televisão, também acaba gerando doenças e, principalmente, a obesidade.

A obesidade está tomando conta dos cidadãos do mundo. Famílias estão engordando em razão do estilo de vida sedentário, do excesso de refrigerantes, bolachas e salgadinhos. Essa doença inspirou Gustavo Rosa nesta pintura (*Família*, 2010).

O COMPORTAMENTO ESTÁ MUDANDO...

Em todas as cidades, o comportamento de muitas pessoas está mudando. Devagar, mas está mudando.

Muitos estão ficando mais atentos à alimentação. Evitam frituras e massas, dão preferência a alimentos naturais. Nos supermercados é cada vez maior as ofertas de alimentos *light* (sem gordura), *diet* (sem açúcar) e orgânicos (sem uso de adubos químicos nem agrotóxicos).

O número de academias de ginástica aumenta a cada dia, principalmente nas áreas mais nobres das cidades, onde as pessoas podem pagar por esse serviço.

Em parques e praças, muitas pessoas andam e correm todos os dias. E muitas empresas promovem corridas de rua, com direito a prêmios e a fotos. No mundo inteiro existem corridas de rua nas grandes e pequenas cidades.

Agora, um novo movimento está ocorrendo nas cidades brasileiras, embora já esteja presente há muito tempo em alguns centros urbanos do mundo: andar de bicicleta. Esse movimento está mudando o aspecto de muitas cidades em razão da criação de ciclovias.

© Rubens Chaves/Pulsar Imagens

Ciclovia na praia de Ipanema, no Rio de Janeiro.

10. A poluição tem solução?

QUANTO MAIOR É UMA CIDADE, maior é a produção de esgoto, lixo, gases e fuligem que se acumulam no ambiente e causam a poluição da água, do solo e do ar.

Uma das vítimas da poluição é justamente um dos bens mais preciosos de uma cidade — a água destinada ao consumo das pessoas, que vem de nascentes, córregos, riachos e rios.

Esses mananciais ficam ao redor das cidades e suas águas são represadas para formar um reservatório. Cidades grandes têm vários reservatórios de água; muitos deles ficam afastados, pois as reservas de água próximas deixaram de ser suficientes.

A água dos reservatórios é canalizada para uma estação de tratamento, onde é filtrada, clorada e recebe flúor antes de ser distribuída à população.

Nas áreas de mananciais, as leis de zoneamento da cidade não permitem a construção de moradias, indústrias, loteamentos, plantações e criação de animais. Também é proibido nadar ou praticar esportes no reservatório de água.

Também é obrigatória a preservação da vegetação das margens dos mananciais e reservatórios, porque a vegetação segura o solo e evita erosão.

Depois de usada nas moradias e nas indústrias, a água entra na rede de esgoto carregando fezes, urina, papéis, restos de alimento, sabão, detergente, gordura, óleo, ácidos, inseticida e outras substâncias.

Moradias construídas irregularmente em área de manancial às margens da represa Billings, no estado de São Paulo.

Estação de tratamento de esgoto à margem do Rio Pinheiros, em São Paulo. Observe a água limpa sendo despejada no rio.

Na maioria dos municípios brasileiros, a água usada é encanada na rede de esgoto e segue até os rios, que ficam poluídos. Para evitar que isso ocorra, é necessário construir estações de tratamento de esgoto, que limpam a água. O esgoto pode ser lançado aos rios sem prejuízo à vida de outros seres vivos. Infelizmente, poucas prefeituras investem em tratamento de esgoto.

Na periferia das cidades, onde a rede de água e esgoto demora para ser instalada, as pessoas usam água de poço e constroem fossas ou deixam o esgoto correr pelas ruas. As fezes contaminam o solo e a água do poço, causando verminoses.

O LIXO POLUI O AMBIENTE DAS CIDADES

O lixo despejado em lixões polui o solo e são criadouros de ratos, moscas e baratas.

Algumas cidades têm aterro sanitário, onde o lixo é enterrado e compactado por tratores. Debaixo da terra ele apodrece e, ao sofrer fermentação, produz gases que podem ser canalizados para tanques e usados como combustível para veículos e como gás de cozinha.

O melhor destino para o lixo é a reciclagem, no caso de vidros, plásticos, latas, restos de metais, papéis e papelões. O lixo orgânico pode ser transformado em adubo.

A reciclagem depende, em parte, do esforço dos moradores e, em parte, do estímulo da prefeitura. Os moradores devem separar em casa o lixo orgânico de tudo o que pode ser reciclado. A coleta pode ser feita pela prefeitura ou mesmo por catadores de lixo. Há também locais onde as pessoas podem levar o lixo separado e limpo.

O Brasil é um dos países onde as pessoas mais jogam lixo no chão, em córregos que cortam as cidades, nas estradas.

O Brasil também é campeão mundial de reciclagem de latas de alumínio.

Separação seletiva do lixo por cores.

E QUANTO À POLUIÇÃO DO AR?

Os maiores culpados da poluição nas cidades são os veículos que lançam no ar toneladas de fuligem e gases resultantes da queima da gasolina e do óleo *diesel*. Esses poluentes causam problemas respiratórios, enjoos e irritação nos olhos e na garganta.

Em cidades industriais, as fábricas também contribuem para a poluição do ar, embora a legislação brasileira esteja mais rigorosa e exija que as indústrias instalem filtros antipoluição nas chaminés.

No inverno, a concentração dos poluentes aumenta, pois o ar quente não consegue subir por causa do ar frio que está acima dele. Os poluentes não se dissipam; os que sofrem de bronquite pioram, e muitas pessoas sentem ardor nos olhos, ânsia de vômito e sonolência.

Outro problema causado pela poluição do ar são as chuvas ácidas, que corroem estátuas, portões e a lataria dos automóveis. Elas ocorrem porque a água da chuva dissolve os gases do ar, levando-os com ela.

A solução está na instituição de leis que obriguem a melhorar os combustíveis de automóveis, a instalar sistemas antipoluidores nos veículos, a regular motores e a fiscalizar. Além de plantar muitas árvores...

© Stefan Kolumban/Pulsar Imagens

Aterro do Flamengo, no Rio de Janeiro, o máximo em arborização.

QUE BARULHO...

Cada pessoa tem um grau de tolerância aos ruídos. Algumas são capazes de não prestar atenção e são menos afetadas por eles. Outras ficam nervosas com barulhos estridentes ou repetitivos.

Se a intensidade do ruído for além do que se pode suportar, as consequências são graves: vertigem, nervosismo, batimentos cardíacos acelerados, insônia e mau humor.

Existem leis para multar quem faz muito barulho e para exigir revestimento acústico nos lugares barulhentos. Nós, cidadãos, devemos exigir o cumprimento dessas leis.

Em várias cidades, a pessoa incomodada por ruídos de bares, construções, festas que se prolongam pela madrugada pode ligar para um serviço público para que a polícia seja acionada. O ideal é estabelecer uma boa convivência com quem vive ao nosso redor. Mas há casos abusivos em que é necessário chamar uma autoridade para acabar com o excesso de barulho.

Pior mesmo é o barulho de saltos altos sobre assoalhos de cerâmica no apartamento vizinho ou o viaduto que passa rente à janela.

© Juca Martins/Pulsar Imagens

Elevado Costa e Silva – Minhocão. Este viaduto, na cidade de São Paulo, foi construído a poucos metros dos apartamentos dos primeiros andares, provocando muito barulho e causando incômodo aos moradores.

11. Esse trânsito que maltrata

NAS PRIMEIRAS HORAS DA MANHÃ e no fim do dia, as ruas das cidades médias e grandes têm uma só paisagem: filas de carros e ônibus soltando fuligem e fumaça. São horas perdidas para as pessoas e toneladas de combustíveis gastas para nada.

Além disso tudo, as pessoas sofrem. Muitos sentem ansiedade, que causa acidez no estômago. Ficar sentado por muito tempo prende o intestino, diminui a circulação e causa dores nas pernas. Inalar poluentes causa sonolência, dor de cabeça e problemas respiratórios.

O principal responsável por esse sofrimento todo é o número excessivo e crescente de automóveis que circulam nas ruas. Para dar passagem a eles, as ruas são alargadas; avenidas, viadutos e túneis são construídos; os estacionamentos se multiplicam, derrubando árvores e monumentos históricos.

A maioria da população depende dos ônibus. Apesar disso, o número de linhas é insuficiente, e as filas são enormes nas horas de maior movimento. Os veículos são mal conservados e os motoristas mal pagos.

O transporte coletivo é mais importante que o transporte individual. Por isso, as cidades devem ser planejadas em função desse tipo de transporte, dando prioridade ao metrô, que transporta cerca de duas mil pessoas em cada viagem, não polui o ar, é rápido, silencioso e não congestiona o trânsito, pois passa sobre trilhos suspensos ou por túneis subterrâneos.

Cada pessoa quer ter seu carro e os carros de todos os indivíduos não cabem mais nas cidades.

Metrô, o melhor transporte para as cidades.

Também são importantes os trens que unem o centro da cidade aos subúrbios. Apesar de haver poucos trens, milhares de pessoas dependem deles.

É bem possível que no futuro próximo o transporte coletivo se torne tão bom que as pessoas nem precisem de automóveis. Quando o transporte coletivo de uma cidade é de boa qualidade, os habitantes preferem usá-lo ao automóvel. Deixam seus veículos particulares para o lazer de fim de semana. Com menos automóveis nas ruas, todos saem ganhando.

Nas grandes cidades brasileiras o congestionamento no trânsito levou ao uso das motos para entrega de encomendas e correspondência de empresas. Os chamados "motoboys" são as maiores vítimas de acidentes de trânsito.

Os acidentes com automóveis são numerosos e envolvem um grande número de jovens, principalmente em razão do uso de bebidas alcoólicas e do excesso de velocidade.

As bicicletas poderiam ser um meio de transporte bastante viável se existissem mais ciclovias, que são vias especiais só para ciclistas.

E andar a pé é uma solução ótima para quem trabalha ou estuda perto de casa. Em muitas cidades, já estão sendo adotadas as ruas só para pedestres, onde se pode andar tranquilamente sem ser importunado por qualquer tipo de veículo. Isso favorece a qualidade de vida.

Rua somente para pedestres em Itapeva, São Paulo.

Que vida dura!

Joaquim sai bem cedo de casa para o trabalho.

Sonolento, ele caminha dois quilômetros até o ponto de ônibus. É uma boa caminhada pelas ruas de terra. Quando chove demora ainda mais, porque a terra vira barro e faz escorregar como sabão.

No caminho vai cumprimentando as pessoas, pois nasceu ali e conhece todo mundo. E todo mundo está indo naquela mesma hora para o mesmo lugar: o ponto do ônibus.

Quando Joaquim chega ao ponto de ônibus, lá no alto, ele vê a paisagem sem árvores, as ruas de terra vermelha, as casinhas inacabadas, centenas de antenas de televisão, roupas estendidas nos varais. E muitos cachorros magros e famintos.

O ônibus demora e o ponto vai ficando cheio de gente. Quando ele chega já vem lotado. Mesmo assim, Joaquim consegue entrar e já vai conversando com os colegas. Todos os dias eles se encontram no ponto do ônibus e são amigos desde a infância.

Dentro do ônibus ninguém consegue se mexer; um fica colado no outro por uma hora e meia. Isso quando o trânsito está bom... Quando está ruim, a viagem leva mais tempo. Muitos que estão sentados aproveitam para dormir um pouco mais.

Joaquim respira aliviado quando desce do ônibus. Ainda vai andar por uma hora até chegar ao trabalho. Anda ligeiro para não chegar atrasado. Ali vai ficar até o fim do dia, fazendo pacotes no supermercado.

Depois do trabalho, faz todo o caminho de volta e sempre chega atrasado à escola. Mas não falta. Nas últimas aulas mal consegue ficar de olhos abertos e pouco aprende, de tanto cansaço.

No fim do mês, recebe um salário mínimo, que entrega à mãe para ajudar no sustento da casa.

Joaquim tem quatorze anos e trabalha desde os nove.

Joaquim mora na periferia de uma grande cidade.

12. A cidade ideal

© Maraga/Shutterstock

AS CIDADES BRASILEIRAS SÃO JOVENS quando comparadas a outras cidades do mundo. Em muitas regiões do Brasil estão surgindo vilas e povoados.

As cidades surgem onde o trabalho nas indústrias possibilita transformar a natureza em produtos de consumo. Elas crescem com o desenvolvimento da indústria, do comércio ou dos serviços. Há cidades que surgem de outro modo. Brasília e Belo Horizonte, por exemplo, foram planejadas.

Cada cidade também tem seu jeito característico. Algumas são industriais, outras dependem do turismo, outras do funcionalismo público, da criação de gado, da agricultura.

Cada cidade tem sua história e ela é contada por meio da arquitetura de casas, edifícios, monumentos, pontes e por suas árvores centenárias.

As festas populares e tudo o mais que as pessoas foram construindo e criando no lugar também fazem parte do patrimônio cultural e devem ser preservados para garantir a identidade da cidade.

A preservação garante que seus moradores envelheçam vendo ruas, monumentos, árvores, praças e festas de seu tempo de criança e que possam mostrar tudo isso a seus netos para recordar a vida que tiveram naquela cidade quando eram jovens. Essa memória faz parte da história pessoal de cada um.

Bonito é uma cidade do Mato Grosso do Sul que sobrevive de suas belezas naturais. Atrai grande número de turistas do Brasil e do mundo.

Muitas pessoas já perceberam que uma cidade precisa crescer de acordo com um plano de ocupação que respeite as necessidades básicas: água encanada e esgoto, tratamento de água e de esgoto, serviços de coleta de lixo, limpeza das ruas, iluminação, escolas, hospitais, postos de saúde e quadras esportivas.

O crescimento desordenado invade áreas livres, áreas verdes e locais antigos, desrespeitando a história e a natureza do lugar.

E qual é a cidade ideal? Com certeza é aquela habitada por cidadãos conscientes, politizados, capazes de escolher dirigentes que pensem no bem-estar da maioria, e não apenas no das classes mais favorecidas, e que estejam atentos para realizar os seguintes programas:

✦ Controle da poluição do ar, da água e do solo;
✦ Controle da poluição sonora;
✦ Preservação dos mananciais de água potável;
✦ Investimento em estações de tratamento de esgoto;
✦ Recuperação dos rios poluídos;

- Arborização das ruas e margens dos rios;
- Manutenção de áreas verdes;
- Manutenção da limpeza das ruas e dos bueiros para evitar enchentes;
- Prioridade para o transporte coletivo;
- Preservação do patrimônio histórico e cultural da cidade;
- Prioridade para as áreas mais necessitadas.

Por melhores que sejam os prefeitos e os vereadores de uma cidade, existem problemas que eles não conseguem resolver, como o aumento da violência nos centros urbanos. Conter a violência não depende apenas de policiamento ou de combate ao crime. Depende também de uma distribuição de renda que diminua a pobreza, que não segregue, de um lado, bairros das classes média e alta e, de outro, aglomerados pobres. São dois lados de uma guerra que tem causado mortes em assaltos, sequestros, chacinas, perseguições policiais e motins em presídios.

Conclusão:
Um por todos e todos por um

FELIZMENTE, POR TODA PARTE É CADA VEZ MAIOR a união dos moradores por melhores condições de vida. Cada pessoa que toma consciência de seu direito de participar e exigir está agindo com os outros e para os outros.

Lutar pela cidadania, pelo direito de todos terem acesso a bens e serviços mínimos, sem os quais a vida não tem qualidade, é o dever de cada um. Para isso, as pessoas estão se organizando em associações de bairro e formando organizações não governamentais. Estão se unindo para ajudar umas às outras. Além de escolher bem em quem vota, é claro!

Para conseguir que o poder público cumpra suas obrigações, cada vez mais os moradores dos bairros estão se unindo em associações, igrejas, escolas, organizações não governamentais, para que a união ganhe força e poder.

Estabelecer essa união não tem sido fácil nas grandes cidades, cujos habitantes estão sempre ocupados. Além disso, vizinhos não se falam, um não conhece o outro, não sabe nada da vida do outro e por vezes tem medo do outro.

Mas muitos já conseguiram romper esse isolamento frequentando centros comunitários, unindo-se para o bem de todos e praticando a solidariedade.

As escolas são importantes núcleos de convivência. Os jovens fazem amizades e, unidos, podem aprender a reivindicar melhorias na escola, no bairro da escola e no bairro onde vivem.

A força de uma reivindicação é maior quando dirigida à pessoa certa, ao lugar certo. Por isso, é sempre bom ter uma agenda com endereço e telefone dos locais onde se pode reclamar ou fazer solicitações.

Um deles é a Administração Regional do bairro, em seus diferentes setores: conserto de buracos na rua, limpeza pública, manutenção de parques e jardins, serviços de saúde etc.

Também podemos ir diretamente ao órgão responsável pelo serviço que se deseja melhorar, como o Serviço de Saúde Pública Municipal.

As associações de amigos de bairro ou o vereador que representa o bairro na Câmara Municipal também são excelentes instrumentos para fazermos reivindicações e reclamações.

Muita coisa mudou desde que os portugueses colonizaram o Brasil. Algumas mudanças foram para pior. Mas houve uma grande conquista: podemos falar, discutir, pedir, solicitar e, principalmente, votar.

O povo se manifesta nas ruas pedindo mudanças. Mas a mudança maior terá de vir pelo voto consciente, pela escolha daqueles que nos representam.

Bibliografia e Sugestões de leitura para o aluno

Bibliografia

CAMPOS, A. *Metrópoles em mutação*: dinâmicas territoriais, relações de poder e vida coletiva. Rio de Janeiro: Revan, 2007.

HOLANDA, S. B. *Raízes do Brasil*. São Paulo: Companhia das Letras, 1998.

GAMBINI, R. *Espelho índio*: a formação da alma brasileira. São Paulo: Terceiro Nome, 2000.

PRADO, P. *Retrato do Brasil* – ensaio sobre a tristeza brasileira. São Paulo: Companhia das Letras, 2010.

SANTOS, P. *A formação das cidades do Brasil*. Rio de Janeiro: Editora UFRJ, 2009.

SANTOS JUNIOR, O.; RIBEIRO, L. C. de Queiroz. *As metrópoles e a questão social brasileira*. Rio de Janeiro: Revan, 2007.

Sugestões de leitura para o aluno

BRANCO, S. M. *Ecologia da cidade*. São Paulo: Moderna, 2009.

COELHO, M.; VIEIRA, T. *São Paulo*: Coleção Cidades brasileiras. São Paulo: Publifolha, 2005.

PREZIA, B.; HOORNAERT, E. *Esta terra tinha dono*. São Paulo: FTD, 2000.